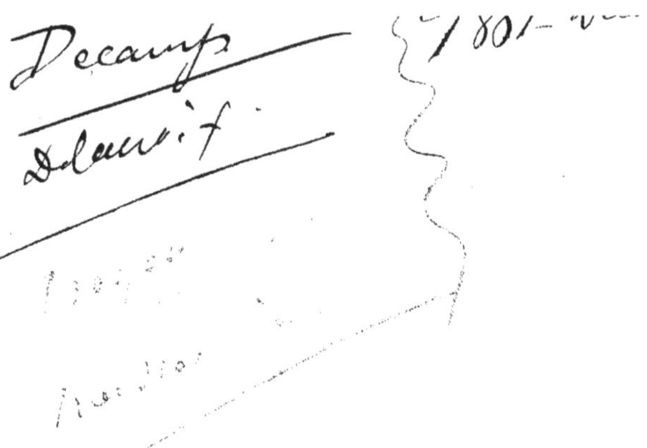

COLLECTION

DAGNAN

TABLEAUX MODERNES

CATALOGUE

DE

TABLEAUX

COMPOSANT

LA

COLLECTION DAGNAN

DONT LA VENTE, PAR SUITE DE DÉCÈS, AURA LIEU

HOTEL DROUOT, SALLE N° 8

LE LUNDI 19 DÉCEMBRE 1881

A DEUX HEURES ET DEMIE

COMMISSAIRES-PRISEURS

Me F. AVRIL, 21, rue de Maubeuge

Me PAUL CHEVALLIER, Succr de Me CHARLES PILLET
10, rue de la Grange-Batelière

EXPERT

M. GEORGES PETIT, 7, rue Saint-Georges.

Chez lesquels se trouve le présent Catalogue.

EXPOSITIONS

PARTICULIÈRE	PUBLIQUE
Le samedi 17 décembre 1881	*Le dimanche 18 décembre 1881*

De 1 heure à 5 heures.

N. B. — Le mobilier et les vins dépendant de la même succession seront vendus à l'hôtel Drouot, savoir : les vins, le 20 décembre 1881, salle n° 10 et le mobilier les 21, 22 et 23 décembre, salle n° 3.

CONDITIONS DE LA VENTE

Elle sera faite au comptant.

Les adjudicataires payeront cinq pour cent en sus des enchères.

Paris. — Imprimerie Pillet et Dumoulin, 5, rue des Grands-Augustins.

DÉSIGNATION

ANASTASI

1 — *Paysage.*

Haut., 24 cent.; larg., 37 cent.

BARON

2 — *La Bonne aventure.*

Forme ovale.

Haut., 28 cent.; larg., 20 cent.

BOUDIN

3 — *Entrée du port de Trouville.*

Haut., 45 cent.; larg., 54 cent.

CHAPLIN

4 — *Jeune fille dessinant.*

Daté 1856. — Signé à gauche.

Haut., 30 cent.; larg., 20 cent.

CHAPLIN

5 — *La Jeune fermière.*

Daté 1857. — Signé à droite.

Haut., 22 cent.; larg., 15 cent.

CHINTREUIL

6 — *Paysage, effet de lune.*

Haut., 35 m.; larg., 70 cent.

CHINTREUIL

7 — *Paysage, soleil couchant.*

Haut., 35 cent.; larg., 70 cent.

COURANT

(MAURICE)

8 — *Plage à marée basse.*

Signé à gauche.

Haut., 30 cent.; larg., 45 cent.

DAUBIGNY

9 — *La Mare.*

A travers le dôme de verdure qui recouvre la mare, apparaissent des champs et des jardins éclairés par un plein soleil.

Signé à gauche.

Haut., 22 cent.; larg., 30 cent.

DECAMPS

10 — *Rue d'un village aux environs de Paris.*

Au premier plan, une femme en jupon rouge s'avance, un paquet d'herbes sur la tête, donnant la main à un enfant qui joue avec un chien; un canal longe un grand mur tout entier dans l'ombre.

Signé en toutes lettres à droite sur un mur.

Vente Khalil-bey, 1868.

Haut., 30 cent.; larg., 40 cent.

DELACROIX

(EUGÈNE)

11 — *Hercule et Antée.*

Antée, soulevé de terre par Hercule, renverse sa tête en arrière. Une femme, portant sur la tête une couronne de tours, se roule à leurs pieds.

A gauche un fond de montagnes.

Signé à gauche.

Haut., 30 cent.; larg., 44 cent.

DIAZ

12 — *Mare sous bois.*

Le soleil traverse le feuillage et éclaire la partie gauche du tableau; à droite, un jeune paysan est assis au pied d'un chêne auprès de ses chiens. La campagne apparaît au loin éclairée par la pleine lumière.

Signé à gauche.

Haut., 45 cent.; larg., 60 cent.

DIAZ

13 — *Mare dans une clairière.*

Un massif d'arbres au bord d'une mare; à droite et à gauche, la plaine semée de bouquets d'arbres.

Signé à droite.

Haut., 15 cent.; larg., 25 cent.

DE DREUX

(ALFRED)

14 — *Le Cheval du chef.*

Daté 1858. — Signé à gauche.

Haut., 58 cent.; larg., 81 cent.

DUMOULIN

15 — *Paysage avec cours d'eau.*

Haut., 21 cent.; larg., 35 cent.

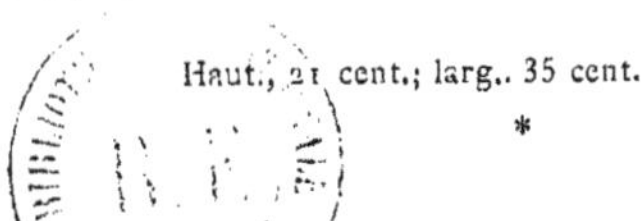

*

FRÈRE

(THÉODORE)

16 — *Un campement arabe.*

Signé à gauche.

Haut., 20 cent.; larg., 35 cent.

FROMENTIN

(EUGÈNE)

17 — *Chasse à la gazelle.*

Deux cavaliers arabes, arrêtés sur la gauche, attendent le passage du gibier pour se mettre en chasse. Un autre cavalier, lancé à fond de train, arrive sur eux en poursuivant deux gazelles.

Tableau d'une exécution fine.

Signé à droite.

Haut., 27 cent.; larg., 40 cent.

GÉROME

18 — *Un pifferaro.*

Daté, 1857.
Signé dans le haut à gauche.

Haut., 20 cent.; larg., 15 cent.

GIRAUD

19 — *Maquignon espagnol.*

Haut., 70 cent.; larg., 98 cent.

GUDIN

20 — *Marine, soleil couchant.*

Haut., 27 cent.; larg., 35 cent.

HAMON

21 — *Papillon enchaîné.*

Signé à gauche.

Haut., 38 cent.; larg., 45 cent.

ISABEY

(EUGÈNE)

22 — *Un naufrage.*

La mer est en furie ; un navire tout désemparé se trouve entraîné par la tempête et vient se briser sur les digues d'un port. Tous les pêcheurs de la côte, bravant les lames qui retombent sur eux, se pressent en foule sur la jetée pour porter secours à l'équipage en détresse.

Tableau très émouvant et de la plus belle exécution du maître.

Daté 1858. — Signé à gauche.

Haut., 91 cent.; larg., 1 m. 28 cent.

ISABEY

(EUGÈNE)

23 — *Le Retour de la pêche.*

Toute la pêche est étalée sur le sable de la plage, une jeune fille vient de charger des paniers de poissons sur un cheval et s'apprête à partir pour le marché.

Haut., 60 cent.; larg., 47 cent.

ISABEY

(EUGÈNE)

24 — *La Jeune châtelaine.*

Forme ovale.

Haut., 45 cent.; larg., 38 cent.

JACQUE

(CHARLES)

25 — *Intérieur de poulailler.*

Signé à gauche.

Haut., 39 cent.; larg., 54 cent.

LEHMANN

26 — *La Nuit.*

Composition allégorique.
Forme ovale.

Haut., 47 cent.; larg. 58 cent.

LEHMANN

27 — *Vénus sortant des ondes.*

Signé à gauche.

Haut., 22 cent.; larg., 15 cent.

LEHMANN

28 — *La source.*

Haut., 34 cent.; larg., 24 cent.

MEISSONIER

29 — *Le Fumeur.*

Il est coiffé d'un tricorne et porte un habit gris à la française; des bas de soie rouge et des souliers à boucles terminent son costume. Il a les coudes appuyés sur une table devant laquelle il est assis, les jambes croisées, il fume sa pipe plongé dans une profonde rêverie. Près de lui, un broc d'étain et un verre.

Daté 1857. — Signé à droite.

Haut., 14 cent.; larg., 9 cent. et demi.

PÉCRUS

30 — *Le Rendez-Vous.*

Haut , 45 cent.; larg., 36 cent.

PÉCRUS

31 — *Le Blessé.*

Haut., 45 cent.; larg., 39 cent.

ROUSSEAU

(THÉODORE)

32 — *Une ferme dans le Berri.*

Une mare, entourée de terrains marécageux occupe le premier plan. A gauche, un chemin de traverse suivi par une charrette coupe la plaine et conduit à un groupe de chaumières perdues dans le feuillage. Un rayon de soleil traverse les nuages sombres qui roulent dans le ciel, et éclaire la campagne jusqu'au pied des collines qui ferment l'horizon.

Signé à gauche.

Haut., 34 cent.; larg., 54 cent.

ROUSSEAU

(PHILIPPE)

33 — *Nature morte.*

Sur une table de cuisine sont déposés pêle-mêle des artichauts et des radis près d'un chaudron et d'un vase en grès.

Daté 1868. — Signé à droite.

Haut., 31 cent.; larg., 49 cent.

ROUSSEAU

(PHILIPPE)

34 — *Chiens de chasse au chenil.*

Daté 1867. — Signé à droite.

Haut., 31 cent.; larg., 49 cent.

STOCKS

35 — *Chevaux à l'écurie.*

Haut., 50 cent.; larg., 70 cent.

TROYON

36 — *L'Abreuvoir.*

Deux vaches se sont séparées du troupeau pour venir s'abreuver au bord d'une mare dans laquelle se désaltère un chien noir.

Une troisième vache, dans l'eau à mi-jambes, regarde du côté de l'horizon noyé dans la brume d'une chaude journée d'été.

Signé à gauche.

Haut., 58 cent.; larg., 81 cent.

TROYON

37 — *Paysage avec mare.*

Au premier plan, un paysan menant boire ses deux vaches.

Signé à gauche.

Haut., 25 cent.; larg., 18 cent.

ZIEM

38 — *Paysage italien.*

Signé à droite.

Haut., 40 cent.; larg., 60 cent.

39 — *Sous ce numéro sont compris quelques tableaux, aquarelles, dessins et gravures qui seront vendus séparément.*

www.ingramcontent.com/pod-product-compliance
Ingram Content Group UK Ltd.
Pitfield, Milton Keynes, MK11 3LW, UK
UKHW021045260726
13994UKWH00005B/2360

9 782329 549637